典藏中国·中国古代壁画精粹

新绛稷益庙壁画

杨平　主编

浙江摄影出版社
全国百佳图书出版单位

稷益庙外景

稷益庙，位于山西省运城市新绛县阳王镇阳王村，全名为“东岳稷益庙”。其始建年代不详，现遗存明代修建的大殿与戏台各一座。庙内壁画主要保存在正殿中，绘于明正德二年（1507），面积约130平方米。稷益庙以农立庙，供奉的是我国农牧先祖伏羲、黄帝、炎帝，及大禹、后稷、伯益等人，这堂壁画取材于相关历史传说，赞颂了大禹、后稷、伯益为民造福的功绩，在中国寺观壁画中可谓独树一帜。

壁画位于正殿。东壁绘《朝圣图》，表现了文武百官、农夫、猎户等前来向伏羲、黄帝和炎帝朝圣的场景，其两侧绘《后稷教民稼穑图》《后稷出行图》；西壁绘有另一幅《朝圣图》，主体人物更换为大禹、后稷、伯益，朝拜者包括文武百官、三界诸神、地府神祇等，其两侧绘《烧荒狩猎图》《帝王拜圣图》；南壁东侧绘《张大帝赴会朝圣图》，南壁西侧绘《阴曹地府图》《酆都狱门图》。

稷益庙壁画有许多精彩画面，如《缚蝗图》《烧荒狩猎图》《张大帝赴会朝圣图》等，情节性强，颇有风俗画意趣。最广为人知的东壁《缚蝗图》，两位农夫身处朝圣人群之中，奋力捆缚着几乎与人同高的蝗虫精，画面既有夸大的想象力，又显示出人物蓬勃自然的力量感；西壁《后稷教民稼穑图》里，十个场景的农事情节，真实地呈现了明代的耕种技术。整堂壁画，帝王高官、文人雅士、武将小吏、猎户、农夫、农妇、侍女等人物形象皆有，可谓是对当时社会各阶层人物和民俗风情的真实写照。

稷益庙壁画，继承了宋、元寺观壁画构图紧凑的特点。画师布局时，巧妙地利用树木、山石、溪流、建筑进行衬托和区隔，使得画面动静结合，错落有致，内容饱满；各场景人物密集，细部又不失细腻；画工采用工笔重彩，线条雄健粗豪，气势恢宏，减少了宋、元时期的清冷色调，增加了暖色调，色彩丰富而浓丽，更加具有世俗生活气息。

稷益庙壁画，题材特殊，绘制水准较高，富有世俗画之特色，是明代寺观壁画的上乘之作。

扫一扫
看更多

正殿南壁东侧张大帝

正殿东壁北侧（后宫备供图）

正殿东壁北侧《后宫备供图》（局部）

正殿东壁北侧《后宫备供图》（局部）

正殿东壁南侧《朝圣图》官员、农夫、武士、鬼卒等

正殿东壁南侧《朝圣图》武士

正殿东壁南侧《朝圣图》高级官员

正殿东壁南侧《朝圣图》文官之一

正殿东壁南侧《朝圣图》鬼卒

正殿东壁南侧《朝圣图》农夫

正殿东壁南侧《朝圣图》农夫

正殿东壁南侧《朝圣图》持幡侍从

正殿东壁北侧《朝圣图》传令官

正殿东壁南侧《后稷出行图》

正殿东壁南侧《后稷出行图》侍女

正殿东壁南侧《后稷出行图》男装侍女

正殿东壁北侧《缚蝗图》农夫、猎户、武士等

正殿东壁北侧《缚蝗图》缚蝗农夫

正殿东壁北侧《缚蝗图》持罐农夫

正殿东壁北侧《朝拜图》持剑武士

正殿东壁北侧《朝拜图》持钺仪仗

正殿东壁北侧《朝圣图》主尊三圣（伏羲、黄帝和炎帝）及侍女等

正殿东壁北侧《朝圣图》侍女

正殿东壁北侧《朝圣图》侍女

正殿东壁北侧《朝圣图》官员、仪仗及执矛武将等

正殿东壁北侧《朝圣图》官员

正殿东壁北侧《朝圣图》武将

正殿南壁东侧《张大帝赴会朝圣图》

祠山張大帝

正殿南壁东侧《酆都狱门图》（局部）

正殿南壁东侧《张大帝赴会朝圣图》侍女

正殿南壁东侧《张大帝赴会朝圣图》前段诸官员

正殿南壁东侧《张大帝赴会朝圣图》官员

正殿南壁东侧《张大帝赴会朝圣图》官员

正殿南壁东侧《张大帝赴会朝圣图》官员

正殿南壁东侧《张大帝赴会朝圣图》官员

正殿南壁东侧《张大帝赴会朝圣图》官员

正殿南壁东侧《张大帝赴会朝圣图》后段诸官员